스스로
급수
한자

실전연습으로 시험준비 끝
7급·문제집

스쿨존에듀
SCHOOLZONE

스스로 급수한자 문제집 7급

ISBN 979-11-92878-03-4 63700

초판 1쇄 펴낸날 2023년 1월 30일

펴낸이 정혜옥 ‖ 기획 컨텐츠연구소 수(秀)
표지디자인 book design twoesdesign.com ‖ 내지디자인 이지숙
마케팅 최문섭 ‖ 편집 연유나, 이은정

펴낸곳 스쿨존에듀
출판등록 2021년 3월 4일 제 2021-000013호
주소 04779 서울시 성동구 뚝섬로 1나길 5(헤이그라운드) 7층
전화 02)929-8153 ‖ 팩스 02)929-8164
E-mail **goodinfobooks@naver.com**

〈스스로 급수한자 문제집〉으로 시험을 쉽게~

그동안 열심히 익힌 한자, 시험을 준비하고 있다면 문제집만 한 게 없죠.
실제 시험 출제 유형 그대로인 연습문제를 풀어보고, 목표한 점수만큼 나오는지 체크해 보아요.

☑ **똑똑하게 활용하기 1**

4쪽에 있는 해당 한자를 먼저 읽고 시작해요. 기초 다지기가 잘
되어 있는지 확인하고 문제를 풀면 문제가 쉬워져요.

☑ **똑똑하게 활용하기 2**

실제 시험시간 50분에 맞춰 풀어보세요. 시험의 긴장감을
미리 체험해 실전에서 편안해질 수 있어요.

☑ **똑똑하게 활용하기 3**

모의고사 3회분에서는 답안지를 오려 실전처럼 답을 작
성하고 채점해 보아요. 연습만이 실수를 줄일 수 있어요.

☑ **똑똑하게 활용하기 4**

'연습문제 1'을 풀어보고 채점을 해 보아요. 맞는 문제가
49개가 안된다면 문제집은 접어두고 익힘책으로 다시 공
부해요.

☑ **똑똑하게 활용하기 5**

틀린 문제들만 따로 풀어보아요. 부족한 부분을 진단
하고 확인하는 게 문제 풀이의 핵심이에요.

家	歌	間	江	車	工	空	敎	校	九
집 가	노래 가	사이 간	강 강	수레 거/차	장인 공	빌 공	가르칠 교	학교 교	아홉 구
口	國	軍	旗	氣	記	金	南	男	內
입 구	나라 국	군사 군	기 기	기운 기	기록할 기	쇠금/성씨 김	남녘 남	사내 남	안 내
女	年	農	答	大	道	冬	動	同	東
여자 녀(여)	해 년(연)	농사 농	대답 답	큰 대	길 도	겨울 동	움직일 동	한가지 동	동녘 동
洞	登	來	力	老	六	里	林	立	萬
골 동/밝을 통	오를 등	올 래(내)	힘 력(역)	늙을 로(노)	여섯 륙(육)	마을 리	수풀 림(임)	설 립(입)	일만 만
每	面	名	命	母	木	文	門	問	物
매양 매	낯 면	이름 명	목숨 명	어머니 모	나무 목	글월 문	문 문	물을 문	물건 물
民	方	白	百	不	父	夫	北	四	事
백성 민	모 방	흰 백	일백 백	아닐 불/부	아버지 부	지아비 부	북녘 북	넉 사	일 사
山	算	三	上	色	生	西	夕	先	姓
메/산 산	셈 산	석 삼	윗 상	빛 색	날 생	서녘 서	저녁 석	먼저 선	성 성
世	小	少	所	水	手	數	市	時	食
인간 세	작을 소	적을 소	바 소	물 수	손 수	셈 수	저자 시	때 시	밥/먹을 식

植	室	心	十	安	語	然	五	午	王
심을 식	집 실	마음 심	열 십	편안 안	말씀 어	그럴 연	다섯 오	낮 오	임금 왕
外	右	月	有	育	邑	二	人	一	日
바깥 외	오른 우	달 월	있을 유	기를 육	고을 읍	두 이	사람 인	한 일	날 일
入	子	字	自	長	場	全	前	電	正
들 입	아들 자	글자 자	스스로 자	긴 장	마당 장	온전 전	앞 전	번개 전	바를 정
弟	祖	足	左	主	住	中	重	地	紙
아우 제	할아버지 조	발 족	왼 좌	주인/임금 주	살 주	가운데 중	무거울 중	땅 지	종이 지
直	千	天	川	靑	草	寸	村	秋	春
곧을 직	일천 천	하늘 천	내 천	푸를 청	풀 초	마디 촌	마을 촌	가을 추	봄 춘
出	七	土	八	便	平	下	夏	學	韓
날 출	일곱 칠	흙 토	여덟 팔	편할 편/똥오줌 변	평평할 평	아래 하	여름 하	배울 학	나라/한국 한
漢	海	兄	火	花	話	活	孝	後	休
한수/한나라 한	바다 해	형 형	불 화	꽃 화	말씀 화	살 활	효도 효	뒤 후	쉴 휴

★ 한자능력검정시험은?

사단법인 한국어문회에서 주관하고 한국한자능력검정회가 시행하는 한자활용능력시험을 말해요. 1992년 12월 9일 1회 시험을 시작으로 2001년 1월 1일 이후 국가 공인자격시험(3급 II ~ 특급)으로 치러지고 있어요.

시험에 합격하면 학교 내신에 반영된답니다. 2000학년부터는 3급과 2급 합격자를 대상으로 일부 대학에서 특기자 전형 신입생을 선발하고 있어요.

시험 응시와 관련한 자세한 사항은 한국어문회 홈페이지(www.hanja.re.kr)를 참조하세요.

★ 급수별 배정한자 수와 수준

8급 ~ 4급은 교육급수이고, 3급 II ~ 특급은 공인급수예요. 초등학생은 4급, 중·고등학생은 3급, 대학생은 1급을 목표로 하는 게 좋겠죠?

급수	읽기	쓰기	수준
8급	50	–	한자 학습 동기 부여를 위한 급수
7급 II	100	–	기초 상용한자 활용의 초급 단계
7급	150	–	기초 상용한자 활용의 초급 단계
6급 II	225	50	기초 상용한자 활용의 중급 단계
6급	300	150	기초 상용한자 활용의 고급 단계
5급 II	400	225	중급 상용한자 활용의 초급 단계
5급	500	300	중급 상용한자 활용의 초급 단계
4급 II	750	400	중급 상용한자 활용의 중급 단계
4급	1,000	500	중급 상용한자 활용의 고급 단계
3급 II	1,500	750	고급 상용한자 활용의 초급 단계
3급	1,817	1,000	고급 상용한자 활용의 중급 단계(교육부 1,800자 모두 포함)
2급	2,355	1,817	상용한자의 활용은 물론 인명지명용 기초한자 활용 단계 (상용한자+인명지명용 한자 도합 2,355자)
1급	3,500	2,005	국한혼용 고전을 불편 없이 읽고, 연구할 수 있는 수준 초급 (상용한자+준상용한자 도합 3,500자)

특급II	4,918	2,355	국한혼용 고전을 불편 없이 읽고, 연구할 수 있는 수준 중급 (KSX1001 한자 4,888자 포함)
특급	5,978	3,500	국한혼용 고전을 불편 없이 읽고, 연구할 수 있는 수준 고급 (한중 고전 추출한자 도합 5,978자)

★ 급수별 세부사항

교육급수		8급	7급II	7급	6급II	6급	5급II	5급	4급II	4급
배정한자	한자 수	50	100	150	225	300	400	500	750	1,000
	신규	50	50	50	75	75	100	100	250	250
	쓰기	–	–	–	50	150	225	300	400	500
출제문항		50	60	70	80	90	100			
합격기준		35	42	49	56	63	70			
시험시간		50분								

공인급수		3급II	3급	2급	1급	특급II	특급
배정한자	한자 수	1,500	1,817	2,355	3,500	4,918	5,978
	신규	500	317	538	1,145	1,418	1,060
	쓰기	750	1,000	1,817	2,005	2,355	3,500
출제문항		150	150	150	200	200	200
합격기준		105	105	105	160	160	160
시험시간		60분			90분	100분	

＊ 상위급수 한자는 모두 하위급수 한자를 포함하고 있으며, 쓰기배정 한자는 한두 급수 아래의 읽기 배정한자를 기본으로 해요.

★ 출제기준 살펴보기

☑ **독음(讀音)**

한자의 소리를 묻는 문제. 두음법칙, 속음현상, 장단음과도 관련이 있어요.

☑ **훈음(訓音)**

한자의 뜻과 소리를 동시에 묻는 문제. 특히 대표훈음을 익혀야 해요.

☑ **장단음(長短音)**

한자 단어의 첫소리 발음이 길고 짧음을 구분하고 있는가를 묻는 문제. 4급 이상에서만 출제돼요.

☑ **반의어(反意語)・상대어(相對語)**

어떤 글자(단어)와 반대 또는 상대되는 글자(단어)를 알고 있는가를 묻는 문제

☑ **성어(成語)**

고사성어나 단어의 빈칸을 채우도록 하여 단어와 성어의 이해력 및 조어력을 묻는 문제

☑ **부수(部首)**

한자의 부수를 묻는 문제. 부수는 한자의 뜻을 짐작할 수 있는 중요한 부분이에요. 4급 Ⅱ 이상에서만 출제돼요.

☑ **동의어(同意語)・유의어(類義語)**

어떤 글자(단어)와 뜻이 같거나 유사한 글자(단어)를 알고 있는가를 묻는 문제

☑ **동음이의어(同音異義語)**

소리는 같고, 뜻은 다른 단어를 알고 있는가를 묻는 문제. 6급 이상에서만 출제돼요.

☑ **뜻풀이**

고사성어나 단어의 뜻을 제대로 알고 있는가를 묻는 문제

☑ **약자(略字)**

한자의 획을 줄여서 만든 약자를 알고 있는가를 묻는 문제. 5급Ⅱ 이상에서만 출제돼요.

☑ **한자 쓰기**

제시된 뜻, 소리, 단어 등에 해당하는 한자를 쓸 수 있는가를 확인하는 문제. 6급Ⅱ 이상에서만 출제돼요.

☑ **필순(筆順)**

한 획 한 획의 쓰는 순서를 알고 있는가를 묻는 문제. 글자를 바르게 쓰기 위해 필요해요.

구분	8급	7급II	7급	6급II	6급	5급II	5급	4급II	4급	3급II	3급
독음	24	22	32	32	33	35	35	35	32	45	45
훈음	24	30	30	29	22	23	23	22	22	27	27
장단음	0	0	0	0	0	0	0	0	3	5	5
반의어(상대어)	0	2	2	2	3	3	3	3	3	10	10
동의어(유의어)	0	0	0	0	2	3	3	3	3	5	5
완성형(성어)	0	2	2	2	3	4	4	5	5	10	10
부수	0	0	0	0	0	0	0	3	3	5	5
동음이의어	0	0	0	0	2	3	3	3	3	5	5
뜻풀이	0	2	2	2	2	3	3	3	3	5	5
약자	0	0	0	0	0	3	3	3	3	3	3
한자쓰기	0	0	0	10	20	20	20	20	20	30	30
필순	2	2	2	3	3	3	3	0	0	0	0
출제문항(계)	50	60	70	80	90	100	100	100	100	150	150

★ 그밖의 한자 급수시험

한국어문회 외에도 대한검정회, 한자교육진흥회, 상공회의소에서도 한자 급수시험을 주최하고 있어요. 응시정보는 홈페이지에서 확인할 수 있어요.

주최기관	홈페이지	시험문항	합격기준	특징
대한검정회	www.hanja.ne.kr	8급 30자 25문제 7급 50자 25문제 6급 70자 50문제	70점 이상	8급~준5급까지는 객관식만 있어요. 6급까지는 뜻과 음만 알면 풀 수 있는 문제로 구성되어 있지요.
한자교육진흥회	web.hanja114.org	8급 50자 50문제 7급 120자 50문제 6급 170자 80문제	60점 이상	8급~7급은 음과 뜻 맞추기 문제로 출제되며, 쓰기 문제는 6급부터 있어요.
상공회의소	license.korcham.net	9급 50자 30문제 8급 100자 50문제 7급 150자 70문제	60점 이상	9급은 한자의 음과 뜻을 묻는 문제로만 되어 있어요. 7급부터 뜻풀이, 빈칸 채우기가 출제됩니다.

유형1 한자의 음 쓰기

한자어를 제대로 읽을 수 있는지 확인하는 유형입니다. 전체 70문항 중 32문항

문제 1-32 다음 밑줄 친 漢字語한자어의 음(音:소리)을 쓰세요.

보기

漢字 → 한자

1 우리나라에는 아름다운 <u>江山</u>이 많습니다.

2 가정의 <u>平安</u>을 빕니다.

3 <u>植物</u>은 뿌리로 양분을 빨아서 먹습니다.

4 <u>市內</u>버스는 매일 정해진 노선을 운행합니다.

5 누나의 졸업식을 보기 위해 다같이 <u>學校</u>로 갑니다.

6 갑자기 배가 <u>左右</u>로 흔들립니다.

7 꽃집은 <u>每年</u> 이맘때가 가장 바쁩니다.

8 명절이면 <u>祖上</u>의 산소를 찾아가 성묘합니다.

9 그 공연은 <u>男女老少</u> 누구나 좋아합니다.

10 다음 주에 있을 시험을 위해 열심히 <u>工夫</u>합니다.

11 갑자기 <u>電話</u>벨이 울려 놀랐습니다.

12 지진으로 <u>數十萬</u> 세대에 가스와 수도 공급이 중단되었습니다.

13 할머니는 우리 동네 <u>歌手</u>예요.

14 <u>住民</u>들의 반대로 공사를 시작하지 못하고 있습니다.

15 우리는 모두 공주와 <u>王子</u>예요.

16 그는 비록 가난했지만 <u>正直</u>하고 바르게 살려고 노력했어요.

17 태완이는 태권도 **道場**에 다닙니다.

18 건강을 위해 규칙적인 **食事**를 권합니다.

19 그는 **有名**한 축구선수입니다.

20 동생의 **日記**에는 온통 낙서뿐이었어요.

21 **百姓**은 나라의 근본입니다.

22 **主人** 잃은 개가 골목길을 헤매고 있습니다.

23 나무를 심거나 씨를 뿌려 인공적으로 나무를
   가꾸는 일을 **育林**이라고 해요.

24 화성에는 **生命**이 존재할까?

25 교내 봉사 **活動**에 적극적으로 참여했어요.

26 정부는 **北韓**에 쌀을 지원했습니다.

27 **兄弟**가 몇이니?

28 **立春**이 지났는데도 여전히 춥습니다.

29 신라에서 당으로 건너간 장보고는 그곳에서
   군인으로 **出世**했어요.

30 낮잠을 두 **時間**이나 잤어요.

31 우리 가족은 **休日**마다 등산을 합니다.

32 오래 된 인형이지만 나에게는 무엇보다 **所重**합니다.

TIP

한자의 음을 알고 있다면 답할 수 있는 문제예요. 단, 단어의 첫머리에서 음이 변하는 경우(女人: 녀인×, 여인○)나 본래 음이 다르게 읽히는 경우(十月: 십월×, 시월○)를 주의해요.

정답

1 강산 2 평안 3 식물 4 시내 5 학교 6 좌우 7 매년 8 조상 9 남녀노소 10 공부 11 전화 12 수십만
13 가수 14 주민 15 왕자 16 정직 17 도장 18 식사 19 유명 20 일기 21 백성 22 주인 23 육림 24 생명
25 활동 26 북한 27 형제 28 입춘 29 출세 30 시간 31 휴일 32 소중

문제 33~52 다음 한자漢字의 훈(訓:뜻)과 음(音:소리)을 쓰세요.

보기

字 → 글자 자

33 上

34 敎

35 秋

36 孝

37 氣

38 登

39 口

40 邑

41 休

42 來

43 午

44 中

45 五

46 內

47 花

48 數

49 八

50 答

51 旗

52 夕

문제 53-62 다음 훈(訓:뜻)과 음(音:소리)에 맞는 漢字한자를 〈보기〉에서 골라 그 번호를 쓰세요.

보기

① 千 ② 十 ③ 力 ④ 九 ⑤ 入 ⑥ 人 ⑦ 車 ⑧ 里 ⑨ 重 ⑩ 室

53 사람 인

54 아홉 구

55 마을 리

56 일천 천

57 힘 력(역)

58 수레 거/차

59 집 실

60 들 입

61 무거울 중

62 열 십

TIP

모양이 비슷한 한자들이 꽤 있어요. 구분할 수 있게 공부했다면 문제 없겠죠?

정답

33 윗 상 34 가르칠 교 35 가을 추 36 효도 효 37 기운 기 38 오를 등 39 입 구 40 고을 읍 41 쉴 휴 42 올 래(내) 43 낮 오 44 가운데 중 45 다섯 오 46 안 내 47 꽃 화 48 셈 수 49 여덟 팔 50 대답 답 51 기 기 52 저녁 석 53 ⑥ 54 ④ 55 ⑧ 56 ① 57 ③ 58 ⑦ 59 ⑩ 60 ⑤ 61 ⑨ 62 ②

단어에 알맞은 한자어 찾기
단어의 뜻을 이해하고 그에 알맞은 한자어를 찾을 수 있는지, 한자어의 정확한 뜻을
알고 있는지 등을 확인하는 유형입니다. 전체 70문항 중 4문항

문제 63~64 다음 밑줄 친 말에 漢字語한자어를 〈보기〉에서 골라 그 번호를 쓰
세요.

보기

① 出口 ② 自然 ③ 草家 ④ 軍歌

63 <u>초가</u>지붕 위로 탐스럽게 박이 열렸습니다.

64 형은 아파트 <u>출구</u>에서부터 손을 흔들며 반갑게 인사했어요.

문제 65~66 다음 뜻에 맞는 漢字語한자어를 〈보기〉에서 골라 그 번호를 쓰세요.

보기

① 空軍 ② 白紙 ③ 國力 ④ 自足

65 한 나라가 지닌 정치, 경제, 문화, 군사 따위의
모든 방면에서의 힘

66 아무것도 쓰거나 그리지 않은 흰 종이

TIP

한자어를 통해 한자를 익히면
한자가 문장 속에서 어떻게
쓰이는지 정확히 알 수 있어요.
우리말이 풍성해지는 건
이러한 공부과정에서 오는
것이겠죠? 한자어를 묻는
문제는 보통 뜻이 분명한 경우
이니 너무 어렵게 생각하지
말고 기본적인 의미를 정확
하게 공부해요.

정답

63 ③ 64 ① 65 ③ 66 ②

유형4 **뜻이 상대 또는 반대되는 한자 찾기**
주어진 한자와 뜻이 반대되거나 상대되는 한자를 찾아낼 수 있는지 묻는 유형입니다.
전체 70문항 중 2문항

문제 67-68 다음 漢字한자의 상대 또는 반대되는 漢字한자를 〈보기〉에서 골라 그 번호를 쓰세요.

보기

① 地 ② 山 ③ 左 ④ 中

TIP

上下나 左右처럼 말 그대로 반대되는 뜻을 가진 한자를 찾는 문제예요. 익힘책에서 공부했다면 자연스럽게 떠오르겠죠?

67 天 ↔ ( )

68 ( ) ↔ 右

정답

67 ① 68 ③

유형5 **한자의 쓰는 순서 찾기**
주어진 한자의 필순(筆順:쓰는 순서)을 정확하게 알고 있는지 확인하는 유형입니다.
전체 70문항 중 2문항

문제 69-70 다음 한자의 진하게 표시한 획은 몇 번째 쓰는지 〈보기〉에서 찾아 그 번호를 쓰세요.

보기

① 첫 번째 ② 두 번째 ③ 세 번째 ④ 네 번째 ⑤ 다섯 번째 ⑥ 여섯 번째
⑦ 일곱 번 ⑧ 여덟 번째 ⑨ 아홉 번째

69 東

70 便

TIP

한자를 익힐 때 필순을 무시하기 쉬운데요, 처음부터 정확하게 쓰면서 익히면 어렵지 않아요.

정답

69 ⑤ 70 ⑧

70문항 ‖ 50분 시험

공부한 날 : (   )년 (   )월 (   )일   맞은 문제 : (   )개

*합격기준은 49개!

문제 1-22 다음 밑줄 친 漢字語한자어의 讀音(독음:읽는 소리)을 쓰세요.

보기

漢字 → 한자

1   學校까지 뛰어가면 3분도 안 걸립니다.

2   제사를 지내는 것은 祖上 대대로 전해 내려온 풍습입니다.

3   준비에 소홀하지 않도록 萬全을 기하고 있습니다.

4   언니가 내일부터 내 工夫를 도와주기로 했습니다.

5   우리나라는 三面이 바다로 둘러싸여 있습니다.

6   國旗에 대한 경례가 있겠으니 모두 일어서 주시기 바랍니다.

7   이 영화 後記가 너무 좋아서 기대됩니다.

8   電氣가 갑자기 끊기니 주변이 조용해졌습니다.

9   오랫만에 食口들이 모두 모였습니다.

10   우리나라의 自然은 참 아름답습니다.

11   왕은 百姓들에게 구세주로 받들어졌습니다.

12   동생은 책의 空白에 메모하는 버릇이 있습니다.

13   할아버지는 이즈음이면 고향 山川이 생각난다 하십니다.

14   영광 굴비는 특산물로 有名합니다.

15   오늘 마을 회의는 里長 집에서 열렸습니다.

16   엄마는 집안에서 植物 키우는 것을 좋아하십니다.

17 선생님이 따라가신다니 부모님께서 **安心**하셨습니다.

18 이 소설은 **農村**을 배경으로 하고 있습니다.

19 아버지는 기술 정보를 **入手**하고 분석하는 일을 하십니다.

20 어머니는 **教育** 방송을 틀어주셨습니다.

21 오늘 **午後**에는 학원을 가야 합니다.

22 그의 **登場**에 주변 사람들 모두 수근거렸습니다.

23 **外家**댁은 갈 때마다 마음이 따뜻합니다.

24 길에서 주운 핸드폰의 **主人**을 몰라 경찰서에 가져다 주었습니다.

25 올해 **春秋**가 어떻게 되시는지요?

26 우리 마을에는 민속문화재로 지정된 **草家**가 있습니다.

27 임시적 **方便**일 뿐 병원에 가서 치료를 받는 것이 좋습니다.

28 **青少年**들이 무리 지어 떠들고 있었습니다.

29 **時日**은 촉박한데 일은 반도 끝나지 않았습니다.

30 오랫만의 **外出**에 아이들이 신났습니다.

31 어머니와 함께 **邑內**에 나왔습니다.

32 이 작은 인형의 가격은 **五千** 원입니다.

문제 33~34 다음 밑줄 친 漢字語 한자어를 〈보기〉에서 찾아 그 번호를 쓰세요.

보기

① 一時 ② 江村 ③ 千金 ④ 空間

33 <u>강촌</u>의 풍경이 그림처럼 아름답습니다.

34 이쪽 <u>공간</u>에 의자를 하나 더 놓으면 어떨까요?

17

다음 漢字한자의 훈(訓:뜻)과 음(音:소리)을 쓰세요.

字 → 글자 자

35 夏

36 老

37 天

38 道

39 世

40 海

41 紙

42 數

43 花

44 直

45 休

46 所

47 夕

48 事

49 主

50 動

51 歌

52 答

53 話

54 同

문제 55-64 다음 訓(훈:뜻)과 音(음:읽는 소리)에 맞는 漢字한자를 〈보기〉에서 골라 그 번호를 쓰세요.

보기

① 文 ② 孝 ③ 休 ④ 來 ⑤ 不
⑥ 車 ⑦ 算 ⑧ 每 ⑨ 冬 ⑩ 七

55 수레 거/차

56 아닐 불/부

57 겨울 동

58 글월 문

59 일곱 칠

60 쉴 휴

61 효도 효

62 셈 산

63 올 래(내)

64 매양 매

문제 65-66 다음 漢字_{한자}의 상대 또는 반대되는 漢字_{한자}를 〈보기〉에서 골라 그 번호를 쓰세요.

보기

① 前 ② 足 ③ 父 ④ 內

65 手 ↔ (　　　)

66 (　　　) ↔ 外

문제 67-68 다음 뜻에 맞는 漢字語_{한자어}를 〈보기〉에서 찾아 그 번호를 쓰세요.

보기

① 平安 ② 氣色 ③ 自立 ④ 力動

67 걱정이나 탈이 없음

68 남에게 의지하지 않고 스스로의 힘으로 섬

문제 69-70 다음 漢字_{한자}의 진하게 표시한 획은 몇 번째 쓰는지 〈보기〉에서 찾아 그 번호를 쓰세요.

보기

① 첫 번째 ② 두 번째 ③ 세 번째
④ 네 번째 ⑤ 다섯 번째 ⑥ 여섯 번째
⑦ 일곱 번째

69

70

70문항 | 50분 시험

공부한 날 : (   )년 (   )월 (   )일   맞은 문제 : (   )개

*합격기준은 49개!

문제 1-32 다음 밑줄 친 漢字語한자어의 讀音(독음:읽는 소리)을 쓰세요.

보기

漢字 → 한자

1 할머니 집은 **大門**이 큰길을 향해 나 있습니다.

2 **不安**하니 잠이 안 옵니다.

3 약은 **食後** 30분 후에 드세요.

4 해인사에는 **八萬**대장경 판이 보관되어 있습니다.

5 고등학교를 졸업한 후 **木工**을 배웠습니다.

6 오빠는 6**學年** 중에서 키가 제일 큽니다.

7 **算數**를 잘하는 나는 복잡한 계산도 금방 해냅니다.

8 아직 **五月**인데 햇볕이 뜨겁습니다.

9 원고지 200자 **內外**로 글을 써 오세요.

10 그는 무엇 때문인지 **一方**적으로 화를 냈습니다.

11 어머니는 할머니께 **不孝**만 했다고 눈물을 흘리셨습니다.

12 **兄夫**는 언니 몰래 우리를 잘 챙겨줍니다.

13 견우와 직녀의 전설이 있는 명절은 칠월 **七夕**입니다.

14 가게 앞에는 장기를 두는 **老人**들이 있습니다.

15 홈페이지 **住所**를 알려 주세요.

16 그들은 **父母**가 남겨 준 유산을 말없이 바라보았습니다.

17 **千金**을 주어도 팔지 않겠다고 으름장을 놓습니다.

18 축구를 할 **空間**이 나오지 않아 고민입니다.

19 이 버너는 **火力**이 셉니다.

20 온돌을 보면 **祖上**의 지혜를 알 수 있습니다.

21 사람들은 **五色**으로 물든 단풍을 즐기러 이곳을 찾습니다.

22 이모는 아기의 **百日**잔치로 정신이 없습니다.

23 예전에는 학교까지 **五里**쯤 걸어 다녔다고 합니다.

24 어머니는 **每事**에 말조심을 해야 한다고 하십니다.

25 스승과 **弟子**의 합동공연이 사람들의 가슴을 울렸습니다.

26 처음 쏜 화살이 표적에 **命中**하자 모두 놀랐습니다.

27 **農村** 인구가 줄어들어 일손이 부족합니다.

28 그는 비옥한 **土地**를 사기 위해 발품을 팔았습니다.

29 그 **少女**는 눈이 마주치자 빙그레 미소지었습니다.

30 우리나라는 **山水**가 아름답기로 유명합니다.

31 이 문제에는 **正答**이 없습니다.

32 갑자기 **敎室**에 나타난 벌 때문에 한바탕 소란이 있었습니다.

문제 33-34 다음 밑줄 친 漢字語 한자어를 〈보기〉에서 찾아 그 번호를 쓰세요.

보기

① 後世 ② 北上 ③ 北東 ④ 世上

33 고려청자의 비법이 후세에 이어지지 못하고 끊어졌습니다.

34 태풍이 우리나라로 북상하고 있습니다.

문제 35-54 다음 漢字한자의 훈(訓:뜻)과 음(音:소리)을 쓰세요.

보기

字 → 글자 자

35 午

36 洞

37 內

38 旗

39 然

40 里

41 軍

42 歌

43 植

44 草

45 道

46 活

47 來

48 登

49 有

50 民

51 江

52 冬

53 話

54 問

문제 55-64 다음 訓(훈:뜻)과 音(음:읽는소리)에 맞는 漢字한자를 〈보기〉에서 골라 그 번호를 쓰세요.

보기

① 全 ② 男 ③ 林 ④ 南 ⑤ 花
⑥ 工 ⑦ 登 ⑧ 寸 ⑨ 立 ⑩ 休

55 설 립(입)

56 장인 공

57 수풀 림(임)

58 쉴 휴

59 마디 촌

60 온전 전

61 오를 등

62 남녘 남

63 꽃 화

64 사내 남

문제 65-66 다음 漢字한자의 상대 또는 반대되는 漢字한자를 〈보기〉에서 골라 그 번호를 쓰세요.

보기

① 右 ② 上 ③ 天 ④ 山

65 (　　) ↔ 地

66 左 ↔ (　　)

문제 67-68 다음 뜻에 맞는 漢字語한자어를 〈보기〉에서 찾아 그 번호를 쓰세요.

보기

① 洞市 ② 同時 ③ 名手 ④ 命手

67 같은 때나 시기

68 기능이나 기술 등에서 소질과 솜씨가 뛰어난 사람

문제 69-70 다음 漢字한자의 진하게 표시한 획은 몇 번째 쓰는지 〈보기〉에서 찾아 그 번호를 쓰세요.

보기

① 첫 번째 ② 두 번째 ③ 세 번째
④ 네 번째 ⑤ 다섯 번째

69

70

23

전국한자능력검정시험 7급 연습문제 3

70문항 | 50분 시험

공부한 날 : (　　　)년 (　　　)월 (　　　)일　　　맞은 문제 : (　　　)개

*합격기준은 49개!

문제 1-32 다음 밑줄 친 漢字語한자어의 讀音(독음:읽는 소리)을 쓰세요.

보기

漢字 → 한자

1 삼촌은 **前方**에서 군복무 중입니다.

2 할아버지는 동생들 뒷바라지에 **靑春**을 다 바쳤습니다.

3 수업이 끝나자 아이들이 **校門**으로 우르르 나왔습니다.

4 이번 태풍으로 **農家**의 피해가 컸습니다.

5 **正午**에는 해가 머리 위에 있습니다.

6 **秋夕**인데 동네 병원이 문을 열었습니다.

7 가정 **教育**을 잘 받은 아이들이 대체로 인사성이 바릅니다.

8 도로 **地面**을 평평하게 고르는 작업을 하고 있습니다.

9 전기세가 **十萬** 원을 훌쩍 넘었습니다.

10 그녀는 **長女**여서 그런지 맡은 일에 대한 책임감이 강합니다.

11 이것은 섬에서만 자라는 **植物**입니다.

12 **百姓**의 등을 벗겨 먹는 탐관오리들이 넘쳐났습니다.

13 **來年**이면 초등학교 3학년이 됩니다.

14 당분간 내부 **工事**로 도서관이 휴관입니다.

15 우리 학교는 **道內**에서 가장 오래된 역사를 가졌습니다.

16 아파트 **老人**정에 어르신들이 많이 모였습니다.

17 世上에는 신기한 일들이 많습니다.

18 부산은 옛날에 동래라는 地名으로 불렸습니다.

19 무궁화는 우리나라의 國花입니다.

20 다리를 다쳐서 活動이 어렵습니다.

21 그 영화는 전국적으로 同時에 개봉되었습니다.

22 과자 한 봉지에 二千원 가까이 합니다.

23 도로 공사로 인해 시민들이 큰 不便을 겪었습니다.

24 그는 자주 아파서 결국 休學했습니다.

25 언니는 歌手 못지 않게 노래를 잘합니다.

26 동화에는 유독 공주들이 많이 登場합니다.

27 궁금한 점을 책의 空白에 적어 두었습니다.

28 이 노래는 民間에서 입으로 전해 오다가 판소리로 정착되었습니다.

29 많은 비가 온다는 日氣 예보가 맞지 않았습니다.

30 사람은 두발로 걷는 直立 동물입니다.

31 아버지는 둘도 없는 孝子십니다.

32 우리의 先祖들은 예절을 중히 여겼습니다.

문제 33-34 다음 밑줄 친 漢字語 한자어를 〈보기〉에서 찾아 그 번호를 쓰세요.

보기
① 算數 ② 命中 ③ 千金 ④ 立地

33 치킨가게를 하기에 유리한 입지 조건을 갖췄습니다.

34 그는 열 발을 쏘아 열 발 모두 명중시키는 묘기를 보였습니다.

다음 漢字한자의 훈(訓:뜻)과 음(音:소리)을 쓰세요.

字 → 글자 자

35 空

36 記

37 草

38 後

39 外

40 東

41 冬

42 室

43 主

44 王

45 左

46 夫

47 育

48 邑

49 答

50 每

51 西

52 林

53 木

54 少

다음 訓(훈:뜻)과 音(음:읽는 소리)에 맞는 漢字한자를 〈보기〉에서 골라 그 번호를 쓰세요.

보기

① 足 ② 天 ③ 話 ④ 記 ⑤ 里
⑥ 市 ⑦ 右 ⑧ 八 ⑨ 有 ⑩ 內

55 저자 시

56 여덟 팔

57 기록할 기

58 마을 리

59 하늘 천

60 있을 유

61 발 족

62 말씀 화

63 오른 우

64 안 내

문제 65-66 다음 漢字한자의 상대 또는 반대되는 漢字한자를 〈보기〉에서 골라 그 번호를 쓰세요.

보기
① 夏 ② 春 ③ 話 ④ 答

65 問 ↔ (   )

66 (   ) ↔ 秋

문제 67-68 다음 뜻에 맞는 漢字語한자어를 〈보기〉에서 찾아 그 번호를 쓰세요.

보기
① 生活 ② 立場 ③ 前年 ④ 活動

67 당면하고 있는 상황

68 사람이나 동물이 일정한 환경에서 활동하며 살아감

문제 69-70 다음 漢字한자의 진하게 표시한 획은 몇 번째 쓰는지 〈보기〉에서 찾아 그 번호를 쓰세요.

보기
① 첫 번째 ② 두 번째 ③ 세 번째
④ 네 번째 ⑤ 다섯 번째 ⑥ 여섯 번째
⑦ 일곱 번째 ⑧ 여덟 번째
⑨ 아홉 번째

69 軍

70 空

문제 1-32 다음 밑줄 친 漢字語한자어의 讀音(독음:읽는 소리)을 쓰세요.

보기

漢字 → 한자

1   시험에서 **全然** 예상 밖의 문제가 나와서 당황했습니다.

2   강연이 끝나고 잠시 **問答** 시간이 있었습니다.

3   부모의 어머니를 **祖母**라고 합니다.

4   우리 아파트 **地下** 주차장에는 주차공간이 부족합니다.

5   내일 **午前**에 친구와 도서관에 가기로 했습니다.

6   이 지역은 울창한 **山林**을 자랑하고 있습니다.

7   이번 박람회에는 세계 **有數**의 기업들이 참여합니다.

8   모두 **國旗**에 대한 경례를 하겠습니다.

9   사람의 마음은 **千金**을 주고도 살 수 없습니다.

10   아버지는 **休日**이면 우리와 시간을 보내려 애쓰셨습니다.

11   놀이터에 **少女**들이 옹기종기 모여 있습니다.

12   **農村**의 인구가 도시로 유입되었습니다.

13   시험장 **入室** 시간은 9시입니다.

14   **立秋**가 지나니 저녁에는 제법 선선해졌습니다.

15   오빠는 **工夫**가 가장 쉽다고 합니다.

16   친구에게 보낸 **便紙**가 되돌아왔습니다.

17 옷장과 천장 사이의 **空間**에 먼지가 쌓였습니다.

18 갑작스런 파도로 배가 **左右**로 흔들립니다.

19 그의 소설이 신문 **紙上**에 발표되었습니다.

20 우리 학교는 봉사 **活動**을 학점으로 인정합니다.

21 전 세계 40%의 고인돌이 한반도에서 **出土**되고 있다고 합니다.

22 이 소설에는 **登場**하는 인물들이 너무 많아 헷갈립니다.

23 **花草**를 키울 수 있는 공간이 있으면 좋겠어요.

24 지역 소식을 알려주는 **記事**를 찾아보았습니다.

25 집이 추울 것 같아 창문을 **二重**으로 만들었습니다.

26 이 **植物**은 추위를 잘 견딥니다.

27 놀란 **氣色**이 역력했습니다.

28 우리집은 **外食**을 자주 합니다.

29 산사태가 우려되는 지역의 **住民**들을 대피시켰습니다.

30 태양계의 별들은 태양을 **中心**으로 하여 돕니다.

31 1인 **家口**가 늘어나고 있습니다.

32 그 두 사람 사이에 어색한 **空氣**가 감돌았습니다.

문제 33-34 다음 밑줄 친 漢字語 한자어를 〈보기〉에서 찾아 그 번호를 쓰세요.

보기
① 午後 ② 老後 ③ 直全 ④ 直前

33 아버지는 천천히 노후를 계획하십니다.

34 잠들기 직전에는 음식을 안 먹는 것이 좋습니다.

다음 漢字한자의 훈(訓:뜻)과 음(音:소리)을 쓰세요.

보기

字 → 글자 자

35 道

36 力

37 立

38 算

39 夕

40 夏

41 文

42 自

43 植

44 所

45 命

46 正

47 食

48 住

49 天

50 里

51 同

52 冬

53 歌

54 川

문제 55-64 다음 訓(훈:뜻)과 音(음:읽는 소리)에 맞는 漢字한자를 〈보기〉에서 골라 그 번호를 쓰세요.

보기

① 老 ② 育 ③ 不 ④ 百 ⑤ 洞
⑥ 孝 ⑦ 來 ⑧ 面 ⑨ 東 ⑩ 車

55 골 동 / 밝을 통

56 수레 거/차

57 늙을 로(노)

58 낯 면

59 효도 효

60 일백 백

61 올 래(내)

62 동녘 동

63 아닐 불/부

64 기를 육

문제 65-66 다음 漢字한자의 상대 또는 반대되는 漢字한자를 〈보기〉에서 골라 그 번호를 쓰세요.

> **보기**
> ① 東 ② 南 ③ 校 ④ 學

65 敎 ↔ ( )

66 ( ) ↔ 北

문제 67-68 다음 뜻에 맞는 漢字語한자어를 〈보기〉에서 찾아 그 번호를 쓰세요.

> **보기**
> ① 重力 ② 平安 ③ 安住 ④ 氣力

67 지표 부근에 있는 물체를 지구의 중심 방향으로 끌어당기는 힘

68 한곳에 자리를 잡고 편안히 삶

문제 69-70 다음 漢字한자의 진하게 표시한 획은 몇 번째 쓰는지 〈보기〉에서 찾아 그 번호를 쓰세요.

> **보기**
> ① 첫 번째 ② 두 번째 ③ 세 번째
> ④ 네 번째 ⑤ 다섯 번째 ⑥ 여섯 번째
> ⑦ 일곱 번째

69

70

문제 1-32 다음 밑줄 친 漢字語한자어의 讀音(독음:읽는 소리)을 쓰세요.

보기

漢字 → 한자

1 할아버지는 <u>電話</u> 소리가 작다고 하십니다.

2 그는 서양 <u>文物</u>을 직접 보고 싶어했습니다.

3 우리 학교는 <u>每年</u> 바자회를 엽니다.

4 이번 학기 수강생이 <u>四十</u> 명으로 늘어났습니다.

5 우리 선수단이 <u>旗手</u>를 앞세우고 입장하고 있습니다.

6 호수공원은 <u>市民</u>의 휴식처 역할을 하고 있습니다.

7 <u>算數</u>는 수학 공부의 기본입니다.

8 <u>立冬</u>이 지나고 본격적인 겨울이 시작되었습니다.

9 그녀가 쏜 화살이 과녁에 정확하게 <u>命中</u>했습니다.

10 마을 외각에 커다란 <u>工場</u>이 들어섰습니다.

11 여름은 <u>南東</u> 계절풍이 강해지는 6월경부터 시작됩니다.

12 그는 아이들의 창의성이 존중되는 <u>教育</u>에 관심이 많습니다.

13 위험한 고비는 넘겼으니 <u>安心</u>하셔도 됩니다.

14 시험을 치르고 <u>正答</u>을 확인했습니다.

15 벽에는 아이들이 꾸민 커다란 <u>全紙</u>가 붙어 있습니다.

16 긴 병에 <u>孝子</u> 없다고 합니다.

17 우리집은 <u>來日</u> 멀리 이사를 갑니다.

18 그는 부모의 도움 없이 **自立**했습니다.

19 비가 온 후 **空氣**가 맑아졌습니다.

20 **午後**가 되자 하늘이 갑자기 어두워졌습니다.

21 우유와 빵으로 아침 **食事**를 했습니다.

22 그 개는 **主人**만 쫓아다녔습니다.

23 아버지는 젊을 적 전국의 **名山**을 거의 모두 돌아보셨다고 합니다.

24 **內面** 깊숙이 잠재해 있던 가능성을 펼쳐보였습니다.

25 이번에는 그에게 **先手**를 빼앗겼습니다.

26 **東海**의 일출은 볼 때마다 감탄스럽습니다.

27 제발 흥분하지 말고 **自重**해라.

28 **外出** 준비를 마친 엄마와 집을 나섰습니다.

29 물고기가 **水面** 가까이에 있어요.

30 눈앞에는 **白色**의 설원뿐이었습니다.

31 이번 전시회에서는 세계적인 **大家**의 작품들을 볼 수 있습니다.

32 여행을 하면서 **世上**을 구경하고 싶어요.

문제 33-34 다음 밑줄 친 漢字語한자어를 〈보기〉에서 찾아 그 번호를 쓰세요.

보기

① **物心** ② **不心** ③ **六林** ④ **育林**

33 봄에 심은 나무에 비료를 주는 등 육림 작업을 했습니다.

34 그는 아내의 활동을 물심으로 지원하였습니다.

문제 35-54 다음 漢字한자의 훈(訓:뜻)과 음(音:소리)을 쓰세요.

보기

字 → 글자 자

35	出
36	北
37	少
38	平
39	村
40	住
41	休
42	林
43	花
44	靑
45	內
46	邑
47	然
48	問
49	祖
50	後
51	植
52	食
53	土
54	校

문제 55-64 다음 訓(훈:뜻)과 音(음:읽는 소리)에 맞는 漢字한자를 〈보기〉에서 골라 그 번호를 쓰세요.

보기

① 間 ② 方 ③ 洞 ④ 語 ⑤ 便
⑥ 旗 ⑦ 活 ⑧ 空 ⑨ 市 ⑩ 口

55 저자 시

56 말씀 어

57 입 구

58 골 동 / 밝을 통

59 편할 편 / 똥오줌 변

60 모 방

61 사이 간

62 살 활

63 빌 공

64 기 기

문제 65-66 다음 漢字한자의 상대 또는 반대되는 漢字한자를 〈보기〉에서 골라 그 번호를 쓰세요.

보기
① 登 ② 出 ③ 水 ④ 木

65 (　　) ↔ 入

66 火 ↔ (　　)

문제 67-68 다음 뜻에 맞는 漢字語한자어를 〈보기〉에서 찾아 그 번호를 쓰세요.

보기
① 白紙 ② 百紙 ③ 生食 ④ 小食

67 익히지 않고 날로 먹음

68 아무것도 적지 않은 비어 있는 종이

문제 69-70 다음 漢字한자의 진하게 표시한 획은 몇 번째 쓰는지 〈보기〉에서 찾아 그 번호를 쓰세요.

보기
① 첫 번째 ② 두 번째 ③ 세 번째
④ 네 번째 ⑤ 다섯 번째 ⑥ 여섯 번째
⑦ 일곱 번째 ⑧ 여덟 번째
⑨ 아홉 번째 ⑩ 열 번째

69

70

70문항 | 50분 시험

공부한 날 : (   )년 (   )월 (   )일   맞은 문제 : (   )개

＊합격기준은 49개!

문제 1-32 다음 밑줄 친 漢字語한자어의 讀音(독음:읽는 소리)을 쓰세요.

보기

漢字 → 한자

1 할머니는 근처 문화센터의 노래 **敎室**에 다니십니다.

2 이순신 장군이 이끄는 우리 **水軍**이 진격했습니다.

3 **主人** 의식을 가지고 공공시설을 이용합시다.

4 젊은 사람들이 도시로 떠나고 마을에는 **老人**만 남아 있습니다.

5 다음 달에 있을 집안 **大事**로 어수선합니다.

6 비빔밥은 외국인들이 좋아하는 **韓食** 중의 하나입니다.

7 도로는 **秋夕**을 맞아 고향 가는 사람들로 꽉 막혔습니다.

8 그들이 만난 지 **百日**이 지났습니다.

9 어머니는 손 **便紙** 쓰는 걸 좋아하십니다.

10 나는 다섯 살 때부터 **祖父**의 가르침으로 한자를 배웠습니다.

11 **木手**는 나무를 치수에 맞추어 잘랐습니다.

12 급박한 상황에 일의 **先後**를 헤아릴 겨를이 없었습니다.

13 우리 반에는 나와 **同名**인 친구가 둘이나 있습니다.

14 틈틈이 사들인 책이 어느새 **五百** 권을 넘었습니다.

15 할머니는 은행에 **入金**된 돈을 확인하러 가셨습니다.

16 아닌 척하지만 **內心** 불안할 것입니다.

17 옆자리에 앉은 **男女**가 쏘곤쏘곤 말하며 웃고 있습니다.

18 그녀는 여러 **方面**에 다재다능한 사람입니다.

19 오늘 **四寸** 여동생이 태어났습니다.

20 오빠는 **每事**가 귀찮다는 듯이 침대에 누워 꼼짝을 안합니다.

21 그는 훌륭한 **家門**에서 태어나 좋은 교육을 받고 자랐습니다.

22 싸우는 두 친구 사이에서 **中心**을 잡고 있기가 힘들었습니다.

23 텃밭에서 기른 야채를 **市場**에 내다 팔았습니다.

24 동생은 **五色** 색동저고리가 잘 어울렸습니다.

25 옛날에는 아침마다 부모님께 **問安**을 드렸습니다.

26 우주에는 **重力**이 없습니다.

27 독도는 역사적으로나 사회적으로나 우리의 **國土**입니다.

28 낮 열두 시를 **正午**라고 합니다.

29 형은 밥 먹을 **時間**도 없다며 바쁘게 나갔습니다.

30 여름철이 되자 **電力** 소비량이 급격히 증가했습니다.

31 **學校** 운동장이 아이들로 꽉 찼습니다.

32 아버지와 아들이 **兄弟**처럼 보입니다.

문제 33-34 다음 밑줄 친 漢字語 한자어를 〈보기〉에서 찾아 그 번호를 쓰세요.

보기

① 動物 ② 植物 ③ 所重 ④ 少中

33 동물에게나 식물에게나 수분만큼 중요한 것은 없습니다.

34 나는 가족이 무엇보다 소중합니다.

문제 35-54 다음 漢字한자의 훈(訓:뜻)과 음(音:소리)을 쓰세요.

보기

字 → 글자 자

35 入

36 命

37 夫

38 記

39 全

40 前

41 主

42 江

43 南

44 春

45 草

46 東

47 重

48 面

49 文

50 老

51 登

52 足

53 直

54 植

문제 55-64 다음 訓(훈:뜻)과 音(음:읽는 소리)에 맞는 漢字한자를 〈보기〉에서 골라 그 번호를 쓰세요.

보기

① 午 ② 空 ③ 氣 ④ 農 ⑤ 世
⑥ 口 ⑦ 來 ⑧ 長 ⑨ 平 ⑩ 活

55 긴 장

56 빌 공

57 인간 세

58 입 구

59 올 래(내)

60 평평할 평

61 기운 기

62 살 활

63 농사 농

64 낮 오

문제 65-66 다음 漢字한자의 상대 또는 반대되는 漢字한자를 〈보기〉에서 골라 그 번호를 쓰세요.

보기
① 前 ② 中 ③ 川 ④ 天

65 山 ↔ (　　)

66 (　　) ↔ 後

문제 67-68 다음 뜻에 맞는 漢字語한자어를 〈보기〉에서 찾아 그 번호를 쓰세요.

보기
① 地下 ② 地上 ③ 面上 ④ 面前

67 땅속. 또는 땅속을 파고 만든 공간

68 얼굴을 대한 바로 앞

문제 69-70 다음 漢字한자의 진하게 표시한 획은 몇 번째 쓰는지 〈보기〉에서 찾아 그 번호를 쓰세요.

보기
① 첫 번째 ② 두 번째 ③ 세 번째
④ 네 번째 ⑤ 다섯 번째 ⑥ 여섯 번째
⑦ 일곱 번째 ⑧ 여덟 번째
⑨ 아홉 번째

69

70 前

70문항 | 50분 시험

공부한 날 : (   )년 (   )월 (   )일   맞은 문제 : (   )개

*합격기준은 49개!

문제 1-32 다음 밑줄 친 漢字語한자어의 讀音(독음:읽는 소리)을 쓰세요.

보기

漢字 → 한자

1 오늘 내린 폭설로 <u>來日</u> 출근길이 걱정입니다.

2 아버지는 <u>正直</u>하게 살아야 한다고 말씀하십니다.

3 봄은 <u>萬物</u>이 깨어나는 계절입니다.

4 할머니는 <u>平生</u> 모은 돈을 모두 고아원에 기부하셨습니다.

5 시험 시작 30분 전까지 시험장에 <u>入室</u>해야 합니다.

6 이 약은 <u>食前</u>에 먹어야 합니다.

7 여기는 개인 <u>所有</u>라서 함부로 들어갈 수 없습니다.

8 두 사람이 거의 <u>同時</u>에 결승점에 들어왔습니다.

9 문단속을 확인한 후 <u>安心</u>하고 잠자리에 들었습니다.

10 병원에 계신 할머니께서 <u>氣力</u>을 되찾으셨다고 합니다.

11 <u>祖上</u>의 지혜를 본받아요.

12 그는 <u>老母</u>를 위해 새 집을 지었습니다.

13 <u>白色</u> 와이셔츠가 더러워졌습니다.

14 오빠는 <u>農夫</u>가 꿈입니다.

15 농사를 짓는 <u>家口</u>가 해마다 줄고 있습니다.

16 주말이면 공원에 벼룩 <u>市場</u>이 열립니다.

17 처음 배우는 <u>校歌</u>가 어렵습니다.

18 갑자기 분 바람에 <u>命中</u>했을 화살이 비껴가고 말았습니다.

19 할머니는 가족 모두의 **平安**을 기도하십니다.

20 이 문장의 **主語**를 찾아 보세요.

21 할아버지는 집으로 가는 **車便**을 알려 주셨습니다.

22 **四面**이 온통 유리창으로 된 집이 신기했습니다.

23 중요한 서류이니 우체국에서 빠른 **登記**로 부쳤습니다.

24 무슨 그런 **千萬**의 말씀을 하십니까.

25 **數年**간의 노력 끝에 이 소설을 완성하였습니다.

26 새벽녘, 수탉이 우는 소리가 온 **洞里**에 울려 퍼졌습니다.

27 이번 **秋夕**에는 환한 보름달을 볼 수 있을 것입니다.

28 할머니는 **外地**로 떠난 자식들 걱정뿐입니다.

29 적이 공격해 올 것을 대비해 성문을 **二重**으로 만들었습니다.

30 이 방법은 임시**方便**일 뿐입니다.

31 지금은 다른 사람의 **手中**에 넘어갔습니다.

32 화재 신고를 받은 소방관들은 서둘러 **出動** 준비를 했습니다.

문제 33-34 다음 밑줄 친 漢字語 한자어를 〈보기〉에서 찾아 그 번호를 쓰세요.

보기

① 答地 ② 答紙 ③ 數萬 ④ 手萬

33 아무리 생각해도 답지를 채울 말이 떠오르지 않았습니다.

34 공연장에는 수만의 관중들이 모였습니다.

문제 35-54 다음 漢字한자의 훈(訓:뜻)과 음(音:소리)을 쓰세요.

보기

字 → 글자 자

35 百

36 文

37 算

38 植

39 春

40 林

41 里

42 天

43 世

44 育

45 休

46 住

47 然

48 草

49 孝

50 川

51 氣

52 少

53 平

54 重

문제 55-64 다음 訓(훈:뜻)과 音(음:읽는 소리)에 맞는 漢字한자를 〈보기〉에서 골라 그 번호를 쓰세요.

보기

① 每 ② 電 ③ 夏 ④ 姓 ⑤ 全
⑥ 前 ⑦ 旗 ⑧ 洞 ⑨ 活 ⑩ 九

55 앞 전

56 아홉 구

57 기 기

58 여름 하

59 성 성

60 매양 매

61 살 활

62 골 동 / 밝을 통

63 온전 전

64 번개 전

문제 65-66 다음 漢字한자의 상대 또는 반대되는 漢字한자를 〈보기〉에서 골라 그 번호를 쓰세요.

보기

① 父 ② 兄 ③ 少 ④ 小

65 弟 ↔ (   )

66 (   ) ↔ 老

문제 67-68 다음 뜻에 맞는 漢字語한자어를 〈보기〉에서 찾아 그 번호를 쓰세요.

보기

① 上空 ② 上工 ③ 平安 ④ 安心

67 높은 하늘

68 마음을 편안히 하거나 걱정 따위를 없애버림

문제 69-70 다음 漢字한자의 진하게 표시한 획은 몇 번째 쓰는지 〈보기〉에서 찾아 그 번호를 쓰세요.

보기

① 첫 번째 ② 두 번째 ③ 세 번째
④ 네 번째 ⑤ 다섯 번째 ⑥ 여섯 번째
⑦ 일곱 번째 ⑧ 여덟 번째

69

70

문제 1-32 다음 밑줄 친 漢字語한자어의 讀音(독음:읽는 소리)을 쓰세요.

보기

漢字 → 한자

1 아버지는 **登山**을 좋아하십니다.

2 어머니는 **兄弟**가 없습니다.

3 모든 **國民**은 법 앞에 평등합니다.

4 봄이면 마당에 온갖 **花草**가 핍니다.

5 언니는 **市內**에서 약속이 있다면서 서둘러 외출했습니다.

6 정부는 **北韓** 측에 정상 회담을 제의했습니다.

7 오빠네 학교는 **男女** 공학인데 반은 다릅니다.

8 안전 운전을 위해선 **車間** 거리를 지켜야 합니다.

9 할머니가 살던 **洞里**가 댐 건설로 인해 수몰되었습니다.

10 **少年** 범죄가 증가하고 있습니다.

11 200자 이내로 **字數**를 제한합니다.

12 동생의 **日記**에는 온통 낙서뿐입니다.

13 옆집에는 판소리의 **名手**로 유명한 분이 살고 계십니다.

14 광복 **直後** 간행된 책은 거의 다 세로쓰기로 되어 있습니다.

15 캠핑을 온 우리 가족은 **自然**을 벗삼아 하루를 즐겼습니다.

16 그는 가난한 **農民**의 자식으로 태어났습니다.

17 끊임없이 **不平**을 늘어놓았습니다.

18 世上은 넓고 할 일은 많습니다.

19 그녀는 동네에서 人事를 잘하기로 유명합니다.

20 漢江 같은 물이 흐르는 대도시는 흔하지 않습니다.

21 노인은 지나간 青春을 돌이켜 보며 회한에 잠겼습니다.

22 고구려는 수나라를 이긴 東方의 강국이었습니다.

23 학교 工夫가 얼마나 힘든지 요즘 코피를 자주 흘립니다.

24 나에게는 所重한 물건입니다.

25 나가려던 사람들이 出口를 찾지 못해 우왕좌왕 했습니다.

26 선생님은 孝道의 중요성을 말씀하셨습니다.

27 오늘은 校内 대강당에서 합창 대회가 열립니다.

28 엄마는 安心알리미로 아이의 통학을 확인합니다.

29 나를 골탕 먹일 心算으로 그런 소릴 했지?

30 그 회사는 上下 관계의 위계질서가 확실합니다.

31 할아버지께서는 先山을 보살피며 지내십니다.

32 크게 다쳤지만 生命이 위태롭지는 않습니다.

문제 33-34 다음 밑줄 친 漢字語 한자어를 〈보기〉에서 찾아 그 번호를 쓰세요.

보기
① 自動 ② 自同 ③ 休地 ④ 休紙

33 이 보일러는 일정한 온도가 되면 자동으로 꺼집니다.

34 그는 코피가 흐르는 코를 휴지로 막았습니다.

45

다음 漢字한자의 훈(訓:뜻)과 음(音:소리)을 쓰세요.

보기

字 → 글자 자

35 林

36 問

37 立

38 色

39 足

40 所

41 紙

42 海

43 後

44 川

45 水

46 日

47 白

48 老

49 植

50 南

51 正

52 夕

53 夫

54 重

문제 55-64 다음 訓(훈:뜻)과 音(음:읽는 소리)에 맞는 漢字한자를 〈보기〉에서 골라 그 번호를 쓰세요.

보기

① 出 ② 萬 ③ 時 ④ 動 ⑤ 有
⑥ 來 ⑦ 平 ⑧ 文 ⑨ 家 ⑩ 不

55 아닐 불/부

56 움직일 동

57 평평할 평

58 때 시

59 글월 문

60 집 가

61 올 래(내)

62 있을 유

63 날 출

64 일만 만

문제 65-66 다음 漢字한자의 상대 또는 반대되는 漢字한자를 〈보기〉에서 골라 그 번호를 쓰세요.

보기
① 少 ② 大 ③ 下 ④ 後

65 ( ) ↔ 小

66 上 ↔ ( )

문제 67-68 다음 뜻에 맞는 漢字語한자어를 〈보기〉에서 찾아 그 번호를 쓰세요.

보기
① 育林 ② 重力 ③ 靑旗 ④ 靑氣

67 나무를 심거나 씨를 뿌려 인공적으로 나무를 가꾸는 일

68 푸른 빛깔의 기

문제 69-70 다음 漢字한자의 진하게 표시한 획은 몇 번째 쓰는지 〈보기〉에서 찾아 그 번호를 쓰세요.

보기
① 첫 번째 ② 두 번째 ③ 세 번째
④ 네 번째 ⑤ 다섯 번째 ⑥ 여섯 번째
⑦ 일곱 번째 ⑧ 여덟 번째

69

70

공부한 날 : ( )년 ( )월 ( )일   맞은 문제 : ( )개

*합격기준은 49개!

문제 1-32 다음 밑줄 친 漢字語한자어의 讀音(독음:읽는 소리)을 쓰세요.

보기

漢字 → 한자

1 이번 방학에는 室內 수영장에서 수영을 배울 예정입니다.

2 어쩌면 一生에 다시없을 귀중한 시간일지도 모릅니다.

3 집으로 가는 버스는 午後 11시까지 있습니다.

4 온통 웃음 天地가 되었습니다.

5 重心을 잃고 쓰러졌습니다.

6 面前에서 욕을 할 수는 없었어요.

7 사막을 農土로 만드려는 수로 공사가 시작되었습니다.

8 正月 대보름에는 오곡밥과 아홉 가지 나물을 먹습니다.

9 아버지는 同門 모임에 다녀오셨습니다.

10 後食으로는 무엇을 드시겠습니까?

11 오늘 한라산의 日出 시각은 6시 40분입니다.

12 강물의 오염으로 물고기 數百 마리가 죽었습니다.

13 그녀는 집의 도움을 받지 않고 自力으로 대학을 졸업했습니다.

14 '나를 버리고 가시는 님은 十里도 못 가서 발병난다.'

15 신혼여행을 다녀온 언니와 兄夫가 집에 오는 날입니다.

16 손목에 찬 金色 시계가 빛에 반짝였습니다.

17 어머니는 하루에 한 時間씩 산책을 하십니다.

18 小食으로 건강을 유지하고 있습니다.

19 과일을 담은 접시를 탁자 中間에 놓았습니다.

20 電算 시스템이 보완되면 업무 처리 속도는 두 배 이상 빨라질 것입니다.

21 수재민들은 食水가 부족해 어려움을 겪고 있습니다.

22 관중들이 경기장 內外를 가득 메웠습니다.

23 전통문화 속에는 先祖들의 지혜가 간직되어 있습니다.

24 校長 선생님께서는 학생 개개인에게 관심을 나타내 주십니다.

25 미세먼지가 많은 날은 室外 활동을 삼가는 것이 좋습니다.

26 큰아버지는 아프리카에서 의료봉사 活動을 하고 있습니다.

27 등록금을 마련하지 못해 休學을 결심했습니다.

28 물고기들이 돌 틈이나 水草 사이에 알을 낳았습니다.

29 우리 가족은 이번 휴가를 南海에서 보내기로 했습니다.

30 寸數를 따져 보니 그는 나와 오촌이었습니다.

31 나라의 安全을 위태롭게 하는 사태가 발생했습니다.

32 오빠는 모든 노래를 軍歌처럼 부릅니다.

문제 33-34 다음 밑줄 친 漢字語한자어를 〈보기〉에서 찾아 그 번호를 쓰세요.

보기

① 萬事 ② 萬四 ③ 祖國 ④ 立地

33 아침부터 너무 아파서 만사 제쳐놓고 병원에 가기로 했습니다.

34 조국을 떠나 이민을 간 지 5년만에 다시 돌아왔습니다.

다음 漢字한자의 훈(訓:뜻)과 음(音:소리)을 쓰세요.

보기

字 → 글자 자

35 青

36 左

37 場

38 天

39 軍

40 車

41 自

42 秋

43 白

44 來

45 方

46 直

47 道

48 千

49 大

50 入

51 然

52 紙

53 旗

54 不

문제 55-64 다음 訓(훈:뜻)과 音(음:읽는 소리)에 맞는 漢字한자를 〈보기〉에서 골라 그 번호를 쓰세요.

보기

① 主 ② 內 ③ 面 ④ 便 ⑤ 足
⑥ 冬 ⑦ 夕 ⑧ 寸 ⑨ 中 ⑩ 立

55 저녁 석

56 주인/임금 주

57 낯 면

58 편할 편 / 똥오줌 변

59 설 립(입)

60 마디 촌

61 겨울 동

62 안 내

63 가운데 중

64 발 족

문제 65-66 다음 漢字한자의 상대 또는 반대되는 漢字한자를 〈보기〉에서 골라 그 번호를 쓰세요.

보기
① 父 ② 子 ③ 冬 ④ 春

65 夏 ↔ (   )

66 (   ) ↔ 女

문제 67-68 다음 뜻에 맞는 漢字語한자어를 〈보기〉에서 찾아 그 번호를 쓰세요.

보기
① 同旗 ② 同氣 ③ 力動 ④ 力洞

67 형제와 자매, 남매를 통틀어 이르는 말

68 힘차고 활발하게 움직임

문제 69-70 다음 漢字한자의 진하게 표시한 획은 몇 번째 쓰는지 〈보기〉에서 찾아 그 번호를 쓰세요.

보기
① 첫 번째 ② 두 번째 ③ 세 번째
④ 네 번째 ⑤ 다섯 번째 ⑥ 여섯 번째
⑦ 일곱 번째 ⑧ 여덟 번째
⑨ 아홉 번째 ⑩ 열 번째
⑪ 열한 번째 ⑫ 열두 번째
⑬ 열세 번째

69 話

70  青

전국한자능력검정시험 7급 모의고사 제1회

70문항 | 50분 시험 | 시험일자 : 2020○.○○.○○

＊성명과 수험번호를 쓰고 문제지와 답안지는 함께 제출하세요

성명 (   )   수험번호 □□□-□□-□□□□

문제 1-32 다음 밑줄 친 漢字語한자어의 讀音(독음:읽는 소리)을 쓰세요.

보기

漢字 → 한자

1 태양계의 별들은 태양을 **中心**으로 돕니다.

2 **空間**이 너무 좁아 주차를 할 수 없었습니다.

3 코로나19로 **海外**여행객이 줄었습니다.

4 할아버지는 우리에게 앞길이 **九萬里** 같다고 하십니다.

5 뒷산의 약수가 우리집의 **食水**입니다.

6 아파트 **水道** 공사로 잠시 물이 나오지 않습니다.

7 **子女**들은 모두 외국에 삽니다.

8 우리는 **春川**행 기차를 기다리고 있습니다.

9 형과 나는 중학교 **同門**입니다.

10 **四寸** 누나는 대학생입니다.

11 현재 **時世**로는 여기가 제일 쌉니다.

12 인간의 신체는 **左右**가 대칭을 이룹니다.

13 오늘은 화재예방 **教育**이 있습니다.

14 **少數**의 몇 사람만이 그 의견에 동의했습니다.

15 그는 자신이 거짓말을 했다고 **自白**했습니다.

16 부모님은 **每年** 건강검진을 받으십니다.

17 우리는 **來日**도 함께 운동을 하기로 했습니다.

18 비무장 지대에는 **民家**가 없습니다.

19 아무리 어려운 일에 **直面**하더라도 흔들리지 않았습니다.

20 개학을 맞아 등교한 학생들로 학교에 **活氣**가 넘쳤습니다.

21 이곳은 야생 **動物** 보호구역입니다.

22 우리 **先生**님은 자상하십니다.

23 **全校** 학생들이 운동장에 모두 모였습니다.

24 순우리말에도 **口語** 투와 문어 투가 있습니다.

25 그들은 서로 **人事**를 나눈 뒤 자리에 앉았습니다.

26 진시황의 무덤에서 수많은 진흙상이 **出土**되었습니다.

27 여러 가지 **色紙**를 이용해 화려한 꽃을 만들었습니다.

28 온실에는 온갖 **花草**가 만발했습니다.

29 아버지는 3남 중 **長男**입니다.

30 이번에는 **正面** 돌파하기로 마음먹었습니다.

31 우리는 택시를 타고 **市內** 중심가로 나왔습니다.

32 태극기는 우리나라를 상징하는 **國旗**입니다.

문제 33-34 다음 밑줄 친 漢字語한자어를 〈보기〉에서 찾아 그 번호를 쓰세요.

보기

① 便紙 ② 百方 ③ 電氣 ④ 場面

33 어버이날을 앞두고 부모님께 편지를 씁니다.

34 무시무시한 장면을 보니 온몸에 소름이 돋았습니다.

문제 35-54 다음 漢字_{한자}의 훈(訓:뜻)과 음(音:소리)을 쓰세요.

보기

字 → 글자 자

35 算

36 文

37 電

38 話

39 祖

40 住

41 休

42 答

43 登

44 命

45 色

46 記

47 有

48 夏

49 便

50 正

51 立

52 後

53 道

54 事

문제 55-64 다음 訓(훈:뜻)과 音(음:읽는 소리)에 맞는 漢字_{한자}를 〈보기〉에서 골라 그 번호를 쓰세요.

보기

① 室 ② 物 ③ 重 ④ 洞 ⑤ 林
⑥ 平 ⑦ 字 ⑧ 農 ⑨ 工 ⑩ 力

55 농사 농

56 수풀 림(임)

57 집 실

58 힘 력(역)

59 무거울 중

60 물건 물

61 평평할 평

62 장인 공

63 골 동 / 밝을 통

64 글자 자

문제 65-66 다음 漢字한자의 상대 또는 반대되는 漢字한자를 〈보기〉에서 골라 그 번호를 쓰세요.

보기
① 地 ② 面 ③ 手 ④ 江

65 (　　) ↔ 足

66 天 ↔ (　　)

문제 67-68 다음 뜻에 맞는 漢字語한자어를 〈보기〉에서 찾아 그 번호를 쓰세요.

보기
① 前面 ② 全面 ③ 王命 ④ 王名

67 모든 면

68 임금의 명령

문제 69-70 다음 漢字한자의 진하게 표시한 획은 몇 번째 쓰는지 〈보기〉에서 찾아 그 번호를 쓰세요.

보기
① 첫 번째 ② 두 번째 ③ 세 번째
④ 네 번째 ⑤ 다섯 번째 ⑥ 여섯 번째
⑦ 일곱 번째 ⑧ 여덟 번째
⑨ 아홉 번째 ⑩ 열 번째

69

70

70문항 | 50분 시험 | 시험일자 : 202○.○○.○○
*성명과 수험번호를 쓰고 문제지와 답안지는 함께 제출하세요

성명 (   )   수험번호 ☐☐☐-☐☐-☐☐☐☐

문제 1-32 다음 밑줄 친 漢字語한자어의 讀音(독음:읽는 소리)을 쓰세요.

보기

漢字 → 한자

1 장마철에는 평소보다 **花草**에 물을 덜 주어야 해요.

2 저녁이면 온 **食口**가 모여 식사를 해요.

3 오빠의 방은 쓰레기 **天地**예요.

4 **車內**에서는 반드시 안전벨트를 매시기 바랍니다.

5 **數十** 명의 인파가 몰려들어 혼잡했습니다.

6 **事前**에 아버지와 상의를 해주었으면 좋겠구나.

7 **電氣**를 사용하고 있으니 감전되지 않도록 조심하세요.

8 너희들이 감히 **王命**을 거역할 것이냐?

9 약속한 **場所**에 일찍 도착했습니다.

10 할머니는 **每日** 새벽기도를 가십니다.

11 누나는 **時空**을 초월한 공상과학 영화를 좋아합니다.

12 만물이 **生動**하는 계절, 봄이 왔어요.

13 우리나라는 수산업에 좋은 **立地** 조건을 갖추고 있습니다.

14 풍물패의 **登場**은 관객들의 흥을 돋우는 역할을 했어요.

15 이 책은 이십여 개 **國語**로 번역되었습니다.

16 학교가 끝난 **直後** 곧바로 엄마에게 연락했습니다.

17 엄마는 매주 양로원에 봉사 **活動**을 다니십니다.

18 점점 경제적으로 **自立**하기가 어려워지고 있습니다.

19 **夫人**은 안녕하시지요?

20 새로 산 소파가 **便安**합니다.

21 문이 열림과 **同時**에 파리가 들어왔어요.

22 **五色** 찬란한 무지개가 하늘 높이 솟았습니다.

23 경찰은 **住民**의 신고를 받고 긴급히 출동하였습니다.

24 그는 **每事**에 의욕적입니다.

25 북극 지방의 **上空**에는 오로라가 나타납니다.

26 호수 **水面**에 물안개가 피어올랐어요.

27 경기 시작부터 우리 선수들은 상대편 **門前**에서 공격을 퍼부었습니다.

28 고쳐 보려고 했지만 나에게는 **力不足**이었어요.

29 잃어버린 아이를 찾으려고 **百方**으로 수소문하고 다녔습니다.

30 경부 고속도로에서 **三重** 추돌 사고가 났습니다.

31 화려하게 등장한 그의 모습이 **世間**의 이목을 끌고 있습니다.

32 태풍이 **西海**안을 강타하고 지나갔습니다.

문제 33-34 다음 밑줄 친 漢字語 한자어를 〈보기〉에서 찾아 그 번호를 쓰세요.

보기

① 正色 ② 登校 ③ 都邑 ④ 前方

33 그녀는 정색을 하고 나를 똑바로 쳐다보았습니다.

34 전방이 탁 트인 곳에 이르자 가슴이 뻥 뚫렸습니다.

다음 漢字한자의 훈(訓:뜻) 과 음(音:소리)을 쓰세요.

보기

字 → 글자 자

35 敎

36 主

37 左

38 軍

39 數

40 老

41 孝

42 江

43 冬

44 家

45 東

46 歌

47 然

48 年

49 休

50 少

51 平

52 右

53 五

54 語

문제 55-64 다음 訓(훈:뜻)과 音(음:읽는 소리)에 맞는 漢字한자를 〈보기〉에서 골라 그 번호를 쓰세요.

보기

① 洞 ② 動 ③ 南 ④ 祖 ⑤ 工
⑥ 少 ⑦ 川 ⑧ 姓 ⑨ 來 ⑩ 話

55 할아버지 조

56 올 래(내)

57 장인 공

58 성 성

59 움직일 동

60 말씀 화

61 골 동 / 밝을 통

62 내 천

63 남녘 남

64 적을 소

문제 65-66 다음 漢字_{한자}의 상대 또는 반대되는 漢字_{한자}를 〈보기〉에서 골라 그 번호를 쓰세요.

> 보기
>
> ① 物 ② 大 ③ 夕 ④ 冬

65 夏 ↔ (　　)

66 (　　) ↔ 心

문제 67-68 다음 뜻에 맞는 漢字語_{한자어}를 〈보기〉에서 찾아 그 번호를 쓰세요.

> 보기
>
> ① 手中 ② 出市 ③ 草家 ④ 先手

67 상품이 시중에 나옴

68 남이 하기 전에 앞질러 하는 행동

문제 69-70 다음 漢字_{한자}의 진하게 표시한 획은 몇 번째 쓰는지 〈보기〉에서 찾아 그 번호를 쓰세요.

> 보기
>
> ① 첫 번째 ② 두 번째 ③ 세 번째
> ④ 네 번째 ⑤ 다섯 번째 ⑥ 여섯 번째
> ⑦ 일곱 번째 ⑧ 여덟 번째
> ⑨ 아홉 번째 ⑩ 열 번째
> ⑪ 열한 번째 ⑫ 열두 번째

69

70

문제 1-32 다음 밑줄 친 漢字語한자어의 讀音(독음:읽는 소리)을 쓰세요.

보기

漢字 → 한자

1 來日은 오늘보다 춥대요.

2 다섯 살 동생은 算數를 잘해요.

3 늦게 일어나서 준비할 時間이 부족해요.

4 미세먼지가 많은 날엔 外出시 마스크를 착용해요.

5 每月 첫째 주 토요일은 도서관 휴관입니다.

6 알록달록 풍선들이 上空으로 날아올랐습니다.

7 섣불리 행동해서는 안 되니 自重하세요.

8 택배 보낼 住所를 알려 주세요.

9 아버지는 어릴 때 祖母의 사랑을 많이 받았습니다.

10 主人 잃은 가방이 쓸쓸해 보입니다.

11 우리는 여행 道中에 계획을 바꿨습니다.

12 이번 경기에서 先手를 빼앗겼습니다.

13 아빠는 前方에서 군 생활을 했습니다.

14 빈 책상만이 教室을 지킵니다.

15 色紙를 이용하여 예쁜 꽃을 접어 보세요.

16 나는 中食을 좋아해요.

17 만세운동 후 유관순은 西大門 형무소에 수감되었습니다.

18 오빠는 올해 고등학교에 入學합니다.

19 왕은 **民心**을 살피기 위해 암행 어사를 보냈습니다.

20 좋은 음악을 틀어주면 **植物**이 잘 자란대요.

21 우리 가게가 **邑內**에서 가장 큽니다.

22 그는 **老年**을 고향에서 보내기로 했습니다.

23 **不正** 선거를 감시하는 단체가 있어요.

24 친구는 아무런 **不平** 없이 그 일을 도와주었습니다.

25 언어 장애인들도 **手話**로 자기의 생각을 충분히 표현할 수 있습니다.

26 그가 거짓말쟁이인 것은 **天下**가 다 아는 사실입니다.

27 경기는 **午後**에 시작됩니다.

28 병사들이 **軍歌**를 부르며 행진을 했습니다.

29 길이 좁아서 **自動車**로는 갈 수가 없습니다.

30 양쪽으로 입장이 나뉘어 나는 **中道**를 취했습니다.

31 마을 어귀에는 조그만 **草家**가 있어요.

32 지리산은 전남과 전북, 경남에 걸쳐 있는 **名山**입니다.

문제 33-34 다음 밑줄 친 漢字語 한자어를 〈보기〉에서 찾아 그 번호를 쓰세요.

보기
① **兄夫** ② **千秋** ③ **自重** ④ **正色**

33 인터넷에 댓글을 달 때에는 좀더 자중하길 바랍니다.

34 부모님의 임종을 지켜보지 못한 것이 천추의 한으로 남습니다.

문제 35-54 다음 漢字한자의 훈(訓:뜻)과 음(音:소리)을 쓰세요.

보기

字 → 글자 자

35 世

36 色

37 農

38 氣

39 命

40 全

41 校

42 重

43 登

44 旗

45 育

46 邑

47 便

48 生

49 所

50 先

51 弟

52 午

53 韓

54 時

문제 55-64 다음 訓(훈:뜻)과 音(음:읽는 소리)에 맞는 漢字한자를 〈보기〉에서 골라 그 번호를 쓰세요.

보기

① 林 ② 休 ③ 歌 ④ 有 ⑤ 天
⑥ 同 ⑦ 里 ⑧ 出 ⑨ 六 ⑩ 力

55 있을 유

56 날 출

57 쉴 휴

58 하늘 천

59 여섯 륙(육)

60 수풀 림(임)

61 한가지 동

62 노래 가

63 힘 력(역)

64 마을 리

문제 65-66 다음 漢字한자의 상대 또는 반대되는 漢字한자를 〈보기〉에서 골라 그 번호를 쓰세요.

보기

① 天 ② 千 ③ 後 ④ 中

65 前 ↔ (　　　)

66 (　　　) ↔ 地

문제 67-68 다음 뜻에 맞는 漢字語한자어를 〈보기〉에서 찾아 그 번호를 쓰세요.

보기

① 直面 ② 海軍 ③ 記事 ④ 國事

67 어떤 일을 직접 당하거나 사물을 접함

68 나라에 관한 일

문제 69-70 다음 漢字한자의 진하게 표시한 획은 몇 번째 쓰는지 〈보기〉에서 찾아 그 번호를 쓰세요.

보기

① 첫 번째 ② 두 번째 ③ 세 번째
④ 네 번째 ⑤ 다섯 번째 ⑥ 여섯 번째
⑦ 일곱 번째 ⑧ 여덟 번째
⑨ 아홉 번째

69

70

63

★ 시험 답안지 작성은 이렇게!

❗ 필기구는 반드시 검정색 볼펜, 일반 수성(플러스)펜만!
연필, 컴퓨터용 펜 등은 뭉개져 흐려지거나 번져 제대로 채점되지 않을 수 있어요. 검정색이 아닌 경우도 마찬가지

❗ 답안 수정은 수정액과 수정테이프로!
수정할 게 많을 땐 답안지를 새로 받아서 작성하는 게 좋아요.

❗ 어린 아이들의 경우 연필과 비슷한 사용감의 펜을 미리 준비하기
수정액·수정테이프 사용법도 미리 익히는 게 좋아요.

❗ 답안지 앞·뒷면의 각 귀퉁이에 있는 ■ 표식은 절대 건드리지 않아요!
전산입력 시 사용되는 인식기준점이에요. 이게 손상되면 답안지를 인식하지 못해 0점 처리될 수도 있답니다.

★ 응시자 정보 기재

성명, 수험번호, 생년월일은 반드시 응시원서와 똑같이 작성해요.

모든 항목은 맨 앞 칸부터 띄어쓰기 없이 써 넣어요.

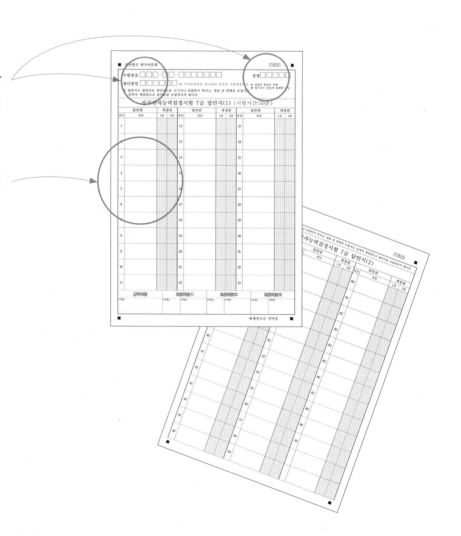

수험번호 □□□-□□-□□□□   성명 □□□□□

생년월일 □□□□□□   ※ 성명은 한글로 작성
　　　　　　　　　　　　　　　※ 필기구는 검정색 볼펜만 가능
※ 주민등록번호 앞 6자리 숫자를 기입하십시오.

＊답안지는 컴퓨터로 처리되므로 구기거나 더럽히지 마시고, 정답 칸 안에만 쓰십시오.
　글씨가 채점란으로 들어오면 오답처리가 됩니다.

모의고사 1회 전국한자능력검정시험 7급 답안지(1)

답안란		채점란		답안란		채점란		답안란		채점란	
번호	정답	1점	2점	번호	정답	1점	2점	번호	정답	1점	2점
1				12				23			
2				13				24			
3				14				25			
4				15				26			
5				16				27			
6				17				28			
7				18				29			
8				19				30			
9				20				31			
10				21				32			
11				22				33			

감독위원	채점위원(1)		채점위원(2)		채점위원(3)	
(서명)	(득점)	(서명)	(득점)	(서명)	(득점)	(서명)

모의고사 1회 전국한자능력검정시험 7급 답안지(2)

번호	정답	1점	2점	번호	정답	1점	2점	번호	정답	1점	2점
	답안란	채점란			답안란	채점란			답안란	채점란	
34				47				60			
35				48				61			
36				49				62			
37				50				63			
38				51				64			
39				52				65			
40				53				66			
41				54				67			
42				55				68			
43				56				69			
44				57				70			
45				58							
46				59							

수험번호 □□□-□□-□□□□ 성명 □□□□□
생년월일 □□□□□□ ※ 성명은 한글로 작성
※ 주민등록번호 앞 6자리 숫자를 기입하십시오. ※ 필기구는 검정색 볼펜만 가능

＊답안지는 컴퓨터로 처리되므로 구기거나 더럽히지 마시고, 정답 칸 안에만 쓰십시오.
　글씨가 채점란으로 들어오면 오답처리가 됩니다.

모의고사 2회 전국한자능력검정시험 7급 답안지(1)

번호	정답	1점	2점	번호	정답	1점	2점	번호	정답	1점	2점
1				12				23			
2				13				24			
3				14				25			
4				15				26			
5				16				27			
6				17				28			
7				18				29			
8				19				30			
9				20				31			
10				21				32			
11				22				33			

(답안란 / 채점란)

감독위원	채점위원(1)		채점위원(2)		채점위원(3)	
(서명)	(득점)	(서명)	(득점)	(서명)	(득점)	(시명)

※답안지는 컴퓨터로 처리되므로 구기거나 더럽히지 않도록 조심하시고 글씨를 칸 안에 또박또박 쓰십시오.

모의고사 2회 전국한자능력검정시험 7급 답안지(2)

번호	정답	1점	2점	번호	정답	1점	2점	번호	정답	1점	2점
34				47				60			
35				48				61			
36				49				62			
37				50				63			
38				51				64			
39				52				65			
40				53				66			
41				54				67			
42				55				68			
43				56				69			
44				57				70			
45				58							
46				59							

모의고사 3회 전국한자능력검정시험 7급 답안지(1)

답안란		채점란		답안란		채점란		답안란		채점란	
번호	정답	1점	2점	번호	정답	1점	2점	번호	정답	1점	2점
1				12				23			
2				13				24			
3				14				25			
4				15				26			
5				16				27			
6				17				28			
7				18				29			
8				19				30			
9				20				31			
10				21				32			
11				22				33			

감독위원	채점위원(1)		채점위원(2)		채점위원(3)	
(서명)	(득점)	(서명)	(득점)	(서명)	(득점)	(서명)

＊답안지는 컴퓨터로 처리되므로 구기거나 더럽히지 않도록 조심하시고 글씨를 칸 안에 또박또박 쓰십시오.

모의고사 3회 전국한자능력검정시험 7급 답안지(2)

번호	정답	1점	2점	번호	정답	1점	2점	번호	정답	1점	2점
	답안란	채점란			답안란	채점란			답안란	채점란	
34				47				60			
35				48				61			
36				49				62			
37				50				63			
38				51				64			
39				52				65			
40				53				66			
41				54				67			
42				55				68			
43				56				69			
44				57				70			
45				58							
46				59							

정답

연습문제 1		연습문제 2	
01 학교	02 조상	01 대문	02 불안
03 만전	04 공부	03 식후	04 팔만
05 삼면	06 국기	05 목공	06 학년
07 후기	08 전기	07 산수	08 오월
09 식구	10 자연	09 내외	10 일방
11 백성	12 공백	11 불효	12 형부
13 산천	14 유명	13 칠석	14 노인
15 이장	16 식물	15 주소	16 부모
17 안심	18 농촌	17 천금	18 공간
19 입수	20 교육	19 화력	20 조상
21 오후	22 등장	21 오색	22 백일
23 외가	24 주인	23 오리	24 매사
25 춘추	26 초가	25 제자	26 명중
27 방편	28 청소년	27 농촌	28 토지
29 시일	30 외출	29 소녀	30 산수
31 읍내	32 오천	31 정답	32 교실
33 ②	34 ④	33 ①	34 ②
35 여름 하	36 늙을 로(노)	35 낮 오	36 골 동/밝을 통
37 하늘 천	38 길 도	37 안 내	38 기 기
39 인간 세	40 바다 해	39 그럴 연	40 마을 리
41 종이 지	42 셈 수	41 수레 거/차	42 노래 가
43 꽃 화	44 곧을 직	43 심을 식	44 풀 초
45 쉴 휴	46 바 소	45 길 도	46 살 활
47 저녁 석	48 일 사	47 올 래(내)	48 오를 등
49 주인/임금 주	50 움직일 동	49 있을 유	50 백성 민
51 노래 가	52 대답 답	51 강 강	52 겨울 동
53 말씀 화	54 한가지 동	53 말씀 화	54 물을 문
55 ⑥	56 ⑤	55 ⑨	56 ⑥
57 ⑨	58 ①	57 ③	58 ⑩
59 ⑩	60 ③	59 ⑧	60 ①
61 ②	62 ⑦	61 ⑦	62 ④
63 ④	64 ⑧	63 ⑤	64 ②
65 ②	66 ④	65 ③	66 ①
67 ①	68 ③	67 ②	68 ③
69 ③	70 ⑥	69 ④	70 ④

연습문제 3

01	전방	02	청춘
03	교문	04	농가
05	정오	06	추석
07	교육	08	지면
09	십만	10	장녀
11	식물	12	백성
13	내년	14	공사
15	도내	16	노인
17	세상	18	지명
19	국화	20	활동
21	동시	22	이천
23	불편	24	휴학
25	가수	26	등장
27	공백	28	민간
29	일기	30	직립
31	효자	32	선조
33	④	34	②
35	빌 공	36	기록할 기
37	풀 초	38	뒤 후
39	바깥 외	40	동녘 동
41	겨울 동	42	집 실
43	주인/임금 주	44	임금 왕
45	왼 좌	46	지아비 부
47	기를 육	48	고을 읍
49	대답 답	50	매양 매
51	서녘 서	52	수풀 림(임)
53	나무 목	54	적을 소
55	⑥	56	⑧
57	④	58	⑤
59	②	60	⑨
61	①	62	③
63	⑦	64	⑩
65	④	66	②
67	②	68	①
69	⑨	70	⑤

연습문제 4

01	전연	02	문답
03	조모	04	지하
05	오전	06	산림
07	유수	08	국기
09	천금	10	휴일
11	소녀	12	농촌
13	입실	14	입추
15	공부	16	편지
17	공간	18	좌우
19	지상	20	활동
21	출토	22	등장
23	화초	24	기사
25	이중	26	식물
27	기색	28	외식
29	주민	30	중심
31	가구	32	공기
33	②	34	④
35	길 도	36	힘 력(역)
37	설 립(입)	38	셈 산
39	저녁 석	40	여름 하
41	글월 문	42	스스로 자
43	심을 식	44	바 소
45	목숨 명	46	바를 정
47	먹을 식	48	살 주
49	하늘 천	50	마을 리
51	한가지 동	52	겨울 동
53	노래 가	54	내 천
55	⑤	56	⑩
57	①	58	⑧
59	⑥	60	④
61	⑦	62	⑨
63	③	64	②
65	④	66	②
67	①	68	③
69	⑦	70	①

연습문제 5

01	전화	02	문물
03	매년	04	사십
05	기수	06	시민
07	산수	08	입동
09	명중	10	공장
11	남동	12	교육
13	안심	14	정답
15	전지	16	효자
17	내일	18	자립
19	공기	20	오후
21	식사	22	주인
23	명산	24	내면
25	선수	26	동해
27	자중	28	외출
29	수면	30	백색
31	대가	32	세상
33	④	34	①
35	날 출	36	북녘 북
37	적을 소	38	평평할 평
39	마을 촌	40	살 주
41	쉴 휴	42	수풀 림(임)
43	꽃 화	44	푸를 청
45	안 내	46	고을 읍
47	그럴 연	48	물을 문
49	할아버지 조	50	뒤 후
51	심을 식	52	밥/먹을 식
53	흙 토	54	학교 교
55	⑨	56	④
57	⑩	58	③
59	⑤	60	②
61	①	62	⑦
63	⑧	64	⑥
65	②	66	③
67	③	68	①
69	⑤	70	⑧

연습문제 6

01	교실	02	수군
03	주인	04	노인
05	대사	06	한식
07	추석	08	백일
09	편지	10	조부
11	목수	12	선후
13	동명	14	오백
15	입금	16	내심
17	남녀	18	방면
19	사촌	20	매사
21	가문	22	중심
23	시장	24	오색
25	문안	26	중력
27	국토	28	정오
29	시간	30	전력
31	학교	32	형제
33	②	34	③
35	들 입	36	목숨 명
37	지아비 부	38	기록할 기
39	온전 전	40	앞 전
41	주인/임금 주	42	강 강
43	남녘 남	44	봄 춘
45	풀 초	46	동녘 동
47	무거울 중	48	낯 면
49	글월 문	50	늙을 로(노)
51	오를 등	52	발 족
53	곧을 직	54	심을 식
55	⑧	56	②
57	⑤	58	⑥
59	⑦	60	⑨
61	③	62	⑩
63	④	64	①
65	③	66	①
67	①	68	④
69	⑥	70	⑦

연습문제 7			연습문제 8	

연습문제 7

01	내일		02	정직	
03	만물		04	평생	
05	입실		06	식전	
07	소유		08	동시	
09	안심		10	기력	
11	조상		12	노모	
13	백색		14	농부	
15	가구		16	시장	
17	교가		18	명중	
19	평안		20	주어	
21	차편		22	사면	
23	등기		24	천만	
25	수년		26	동리	
27	추석		28	외지	
29	이중		30	방편	
31	수중		32	출동	
33	②		34	③	
35	일백 백		36	글월 문	
37	셈 산		38	심을 식	
39	봄 춘		40	수풀 림(임)	
41	마을 리		42	하늘 천	
43	인간 세		44	기를 육	
45	쉴 휴		46	살 주	
47	그럴 연		48	풀 초	
49	효도 효		50	내 천	
51	기운 기		52	적을 소	
53	평평할 평		54	무거울 중	
55	⑥		56	⑩	
57	⑦		58	③	
59	④		60	①	
61	⑨		62	⑧	
63	⑤		64	②	
65	②		66	③	
67	①		68	④	
69	③		70	⑥	

연습문제 8

01	등산		02	형제	
03	국민		04	화초	
05	시내		06	북한	
07	남녀		08	차간	
09	동리		10	소년	
11	자수		12	일기	
13	명수		14	직후	
15	자연		16	농민	
17	불평		18	세상	
19	인사		20	한강	
21	청춘		22	동방	
23	공부		24	소중	
25	출구		26	효도	
27	교내		28	안심	
29	심산		30	상하	
31	선산		32	생명	
33	①		34	④	
35	수풀 림(임)		36	물을 문	
37	설 립(입)		38	빛 색	
39	발 족		40	바 소	
41	종이 지		42	바다 해	
43	뒤 후		44	내 천	
45	물 수		46	날 일	
47	흰 백		48	늙을 로(노)	
49	심을 식		50	남녘 남	
51	바를 정		52	저녁 석	
53	지아비 부		54	무거울 중	
55	⑩		56	④	
57	⑦		58	③	
59	⑧		60	⑨	
61	⑥		62	⑤	
63	①		64	②	
65	②		66	③	
67	①		68	③	
69	⑥		70	⑥	

연습문제 9

01	실내	02	일생
03	오후	04	천지
05	중심	06	면전
07	농토	08	정월
09	동문	10	후식
11	일출	12	수백
13	자력	14	십리
15	형부	16	금색
17	시간	18	소식
19	중간	20	전산
21	식수	22	내외
23	선조	24	교장
25	실외	26	활동
27	휴학	28	수초
29	남해	30	촌수
31	안전	32	군가
33	①	34	③
35	푸를 청	36	왼 좌
37	마당 장	38	하늘 천
39	군사 군	40	수레 거/차
41	스스로 자	42	가을 추
43	흰 백	44	올 래(내)
45	모 방	46	곧을 직
47	길 도	48	일천 천
49	큰 대	50	들 입
51	그럴 연	52	종이 지
53	기 기	54	아닐 불/부
55	⑦	56	①
57	③	58	④
59	⑩	60	⑧
61	⑥	62	②
63	⑨	64	⑤
65	③	66	②
67	②	68	③
69	⑩	70	④

모의고사 제1회

01	중심	02	공간
03	해외	04	구만리
05	식수	06	수도
07	자녀	08	춘천
09	동문	10	사촌
11	시세	12	좌우
13	교육	14	소수
15	자백	16	매년
17	내일	18	민가
19	직면	20	활기
21	동물	22	선생
23	전교	24	구어
25	인사	26	출토
27	색지	28	화초
29	장남	30	정면
31	시내	32	국기
33	①	34	④
35	셈 산	36	글월 문
37	번개 전	38	말씀 화
39	할아버지 조	40	살 주
41	쉴 휴	42	대답 답
43	오를 등	44	목숨 명
45	빛 색	46	기록할 기
47	있을 유	48	여름 하
49	편할 편/똥오줌 변	50	바를 정
51	설 립(입)	52	뒤 후
53	길 도	54	일 사
55	⑧	56	⑤
57	①	58	⑩
59	③	60	②
61	⑥	62	⑨
63	④	64	⑦
65	③	66	①
67	②	68	③
69	⑩	70	③

모의고사 제2회

01	화초	02	식구
03	천지	04	차내
05	수십	06	사전
07	전기	08	왕명
09	장소	10	매일
11	시공	12	생동
13	입지	14	등장
15	국어	16	직후
17	활동	18	자립
19	부인	20	편안
21	동시	22	오색
23	주민	24	매사
25	상공	26	수면
27	문전	28	역부족
29	백방	30	삼중
31	세간	32	서해
33	①	34	④
35	가르칠 교	36	주인/임금 주
37	왼 좌	38	군사 군
39	셈 수	40	늙을 로(노)
41	효도 효	42	강 강
43	겨울 동	44	집 가
45	동녘 동	46	노래 가
47	그럴 연	48	해 년(연)
49	쉴 휴	50	적을 소
51	평평할 평	52	오른 우
53	다섯 오	54	말씀 어
55	④	56	⑨
57	⑤	58	⑧
59	②	60	⑩
61	①	62	⑦
63	③	64	⑥
65	④	66	①
67	②	68	④
69	⑤	70	⑦

모의고사 제3회

01	내일	02	산수
03	시간	04	외출
05	매월	06	상공
07	자중	08	주소
09	조모	10	주인
11	도중	12	선수
13	전방	14	교실
15	색지	16	중식
17	서대문	18	입학
19	민심	20	식물
21	읍내	22	노년
23	부정	24	불평
25	수화	26	천하
27	오후	28	군가
29	자동차	30	중도
31	초가	32	명산
33	③	34	②
35	인간 세	36	빛 색
37	농사 농	38	기운 기
39	목숨 명	40	온전 전
41	학교 교	42	무거울 중
43	오를 등	44	기 기
45	기를 육	46	고을 읍
47	편할 편/똥오줌 변	48	날 생
49	바 소	50	먼저 선
51	아우 제	52	낮 오
53	나라/한국 한	54	때 시
55	④	56	⑧
57	②	58	⑤
59	⑨	60	①
61	⑥	62	③
63	⑩	64	⑦
65	③	66	①
67	①	68	④
69	⑤	70	⑧